SWEET DREAMS, MIS HIJOS

Inspiring Stories About Latino Leaders
Historias Inspiradoras de Líderes Latinos

By
Por **CRISTINA TZINTZÚN RAMIREZ**

Illustrated by
Ilustrado por **YOCELYN RIOJAS**

downtown 🏢 bookworks

DEDICATION · DEDICACIÓN

CRISTINA TZINTZÚN RAMIREZ

For my son Santiago and all the Latino boys and girls who deserve to know the stories and contributions of their Latino community in the United States.

Para mi hijo Santiago y a todos los niños Latinos que merecen saber las historias y contribuciónes de su comunidad a los Estados Unidos.

YOCELYN RIOJAS

To my parents who supported my dreams as a child, and all the Latino children who deserve to see representation of themselves in history.
We can dream big too!

Para mis padres que apoyaron mis sueños desde que era niña, y para nuestros niños que merecen ver una representación de si mismos en la historia.
!Nosotros también podemos soñar grande!

Translated by
Traducido por **EDILSA LOPEZ**

Downtown Bookworks Inc.
New York, New York
www.downtownbookworks.com
Copyright © 2022 Downtown Bookworks Inc.
Designed by Georgia Rucker
Printed in Canada, August 2022
ISBN 978-1-950587-33-9
10 9 8 7 6 5 4 3 2 1

TABLE OF CONTENTS · TABLA DE CONTENIDOS

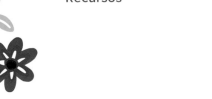

FOREWORD

Growing up, I didn't find many books written about the incredible Latino leaders who had made our country a better place. As a mom, I wanted my own Latino son to dream big dreams. I decided to write this book so he could learn about other Latinos who worked hard to succeed before him.

My own mom, who is from Mexico, didn't know how to read in English. I wrote this book in Spanish and English so Latino parents could read with their kids no matter what their primary language is. I hope families will enjoy this book together, and that children are inspired by the incredible stories of Latinos in different fields, from activism and politics to arts and entertainment.

May you dream and achieve big dreams,

Cristina Tzintzún Ramirez

A NOTE ABOUT IDENTITY

In this book, I use the term "Latino" broadly. I have chosen to include people whom others may consider Hispanic or who prefer to use "Latinx." Our community is diverse, and I know that people have different ways of identifying or describing themselves. What we all share are a common language and many cultural and familial ties. Here's a breakdown of what these terms mean.

LATINO describes people who have ties to Latin America. This includes Mexico, Central and South America, and parts of the Caribbean. Most but not all of these countries are Spanish-speaking. In Brazil, the largest country in South America, people speak Portuguese. The islands of Cuba, the Dominican Republic, and Haiti are also considered part of Latin America.

LATINX is a newer, non-gendered way to describe people who have ties to Latin America. In this book we use "Latino" the way some people might use "Latinx."

HISPANIC describes people who come from Spanish-speaking countries, so it includes people from Spain as well.

CHICANOS/CHICANAS are people of Mexican descent who were born in the United States.

PRÓLOGO

Creciendo, no encontraba muchos libros escritos acerca de líderes Latinos extraordinarios quienes hicieron nuestro país un mejor lugar.

Ahora que soy madre, quiero que mi propio hijo Latino tenga grandes sueños. Es por eso que decidí escribir este libro para que él pueda aprender acerca de otros Latinos quienes lucharon arduamente para sobresalir antes que él.

Mi propia madre, la cual es nativa de México, no sabía cómo leer en Ingles Entonces entendí lo importante que es escribir un libro en Español e Inglés para que los padres Latinos puedan leer al lado de sus hijos sin importar el idioma principal. Espero que diferentes familias disfruten este libro juntos; que sus hijos sean inspirados por estas historias increíbles de Latinos en diferentes campos, de activistas a políticos, a artes y entretenimiento.

Que sueñes y alcances grandes sueños.

Cristina Tzintzún Ramirez

UNA NOTA ACERCA DE LA IDENTIDAD

En este libro, he usado el término "Latino" ampliamente. He escogido incluir a personas que otros pudieran considerar Hispanos o quienes prefieran usar el término "Latinx". Nuestra comunidad es diversa y reconozco que hay personas quienes se identifican o se describen en diferentes maneras. Lo que nosotros compartimos es un idioma común al igual que muchos lazos culturales y familiares. Incluyo abajo una lista de las definiciones de cada término.

LATINO Describe a una persona que tiene vínculos con Latino América. Esto incluye a: México, Centro y Suramérica, y partes del Caribe. Muchos, pero no todos estos países son Hispanohablantes. Por ejemplo en Brasil, el país más grande de Sudamérica se habla el portugués. Las Islas de Cuba, La República Dominicana y Haití son también consideradas parte de Latino América.

LATINX es un término nuevo y un término sin género que describe a personas que tienen vínculos con Latinoamérica. En este libro usamos el término "Latino" en la manera que algunas personas pudieran usar "Latinx".

HISPANO describe a una persona quien proviene de un país Hispanohablante. Esto incluye a personas de España también.

CHICANOS/CHICANAS son personas descendientes de México quienes nacieron en los Estados Unidos.

ADELINA OTERO-WARREN

When Adelina was born in New Mexico in 1881, women did not have the right to vote. Helping her mom take care of her 11 brothers and sisters, Adelina saw how hard things could be for women, especially for Latina women. When she was a little girl, her own family had to deal with Anglo squatters trying to steal their land. And Adelina was better off than many. She grew up in a hacienda near Los Lunas, and her family had money.

In 1917, women around the country began to protest and demand the right to vote. Adelina was one of these women who were called "suffragists." She knew that many women in New Mexico, Texas, Arizona, and California could speak only Spanish. She made sure that flyers and signs were printed in English *and* Spanish. She gave speeches in English and Spanish. And she knocked on doors and made sure that women of every color and background were united and organized. Alice Paul, one of the women who started the suffrage movement, asked Adelina to run things in New Mexico. Finally, in 1919, the 19th Amendment to the Constitution was passed, and women earned the right to vote.

Lawmakers would now have to think about things that women cared about—such as their children's health and schools and the cost of food. More importantly, women could be lawmakers now that there were other women to vote for them! Adelina decided to run for office. In 1917 she was appointed superintendent of public schools in Sante Fe, New Mexico. She was reelected the next year and served for ten years. During her time in that job, Adelina worked hard to protect Mexican Americans and Native Americans. Back then, many Native American children were being taken from their families and sent to English-speaking schools. Mexican American children were being punished for speaking Spanish in school. Adelina knew it was important for children to honor their cultures and languages at home and at school. She worked hard to make sure they could.

Adelina knew there was a lot of work to do for her community, and she became the first Hispanic person to run for Congress in 1921. She won the primary, meaning her party chose her as their nominee. But she lost the election in a close race. Still, by going first, she paved the way for the women and Latinos who followed.

Though she never had children of her own, she inspired many Spanish-speaking children in New Mexico to live fearlessly. Today, if you look through your change, you may see Adelina's face on the back of a quarter!

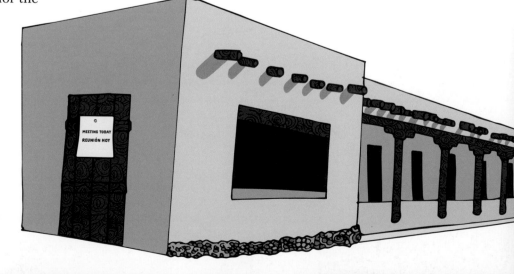

Cuando Adelina nació en Nuevo México en 1881, las mujeres no tenían el derecho de votar. Ayudando a su mama a cuidar a sus hermanos y hermanas, Adelina vio que tan dura eran las situaciones para las mujeres. Especialmente para las mujeres Latinas. Cuando era tan solo una niña, su propia familia tuvo que lidiar con ocupantes ilegales anglosajones quienes trataron de robar su terreno. Adelina creció aún mejor que muchas otras personas. Ella creció en una hacienda cerca de Las Lunas y su familia tenía dinero.

En 1917, las mujeres alrededor del país comenzaron a protestar y demandar el derecho a votar. Adelina fue una de esas mujeres quienes fueron llamadas "sufragistas". Ella sabía que muchas mujeres en Nuevo México, Arizona, Texas y California solamente hablaban Español. Entonces ella aseguro que folletos y letreros fueran imprimidos en Inglés y Español. Además de dar discursos en Inglés también los daba en Español. Ella tocaba las puertas de las casas para asegurar que cada mujer de diferente raza y color se reunieran y organizaran. Alice Paul, una de las mujeres que comenzó el movimiento sufragista, le pidió a Adelina que organizara y dirigiera juntas en Nuevo México. ¡Finalmente! en 1919, la 19a enmienda a la Constitución fue aprobada y las mujeres ganaron el derecho a votar.

Ahora, los legisladores tenían que pensar en leyes que afectan a las mujeres,como la salud de los niños, las escuelas, y el costo de la comida. Lo más importante, las mujeres también ahora podían convertirse en legisladoras porque ahora si habían mujeres quienes votarían por ellas. Incluso, en 1917 Adelina fue nombrada superintendente de las escuelas públicas en Santa Fe, Nuevo México. El próximo año, ella fue reelegida y sirvió como superintendente por diez años. Durante su tiempo en ese oficio, Adelina lucho para proteger a Mexicoamericanos y Nativos Americanos. En aquel entonces, muchos niños Nativos Americanos eran separados de sus familias y llevados a escuelas donde solo hablaban Inglés. Los niños Mexicoamericanos eran castigados por hablar en Español en las escuelas. Adelina sabía lo importante que era para los niños honrar su cultura y lenguaje en su casa y en la escuela.

Adelina sabía que había mucho trabajo por hacer para su comunidad, y ella se convirtió en la primera persona Hispana en postularse para el Congreso en 1921. Ella gano las elecciones primarias, lo cual significa que su partido político la escogió como su nominada. Pero ella perdió las elecciones en una carrera reñida. Aun así, ella abrió el camino para las mujeres y Latinos que la siguieron.

Aunque ella nunca tuvo niños propios, ella inspiró a muchos niños Hispanohablantes en Nuevo México para que vivieran sin miedo como ella lo hiso. Y hoy, si tú ves una moneda de 25 centavos, veras la cara de Adelina!

SUPPORT SCHOOLS & TEACHERS

APOYA ESCUELAS Y MAESTROS

JOVITA IDÁR

Jovita was born in 1885 in Laredo, Texas. The town sits alongside a winding river, the Rio Grande. This river is also the border between the US and Mexico. Jovita's Mexican American family lived on this land for a long time, even before Texas became part of the US.

Still, when Jovita was a child in the 1890s, the government of Texas treated Mexican Americans as if they did not belong there. Stores and restaurants posted signs that said NO MEXICANS, NO NEGROES, AND NO DOGS ALLOWED. Schools for Mexican Americans had fewer books and shabbier buildings than schools for white children.

Unlike most girls at that time, Jovita went to school and learned how to write. She became such a good writer that she joined the family business, writing articles for the newspaper.

She wrote about Mexican American workers' lives. As farmworkers and housekeepers, many worked from sunrise to sunset for little pay. She wrote about how poor their schools were and how they were often bullied because of their brown skin. Jovita did not put her real name on her articles. That would have been dangerous. She used the name Astrea, the Greek goddess of justice. Astrea's words were so powerful that the governor ordered the Texas Rangers, a special police unit, to shut down her family's newspaper in 1914.

Jovita blocked the doorway when the Rangers arrived. She knew that free speech and freedom of the press were protected by the US Constitution. Though the law was on her side, the police returned when nobody was there. They destroyed the printing presses with sledgehammers.

But they could not stop Jovita from writing. Her words brought Mexican American women together to help improve their schools and earn better wages. In 1919 American women won the right to vote. But women of color still faced many challenges. Sometimes they were asked to pay a poll tax (a fee) or pass a test before they could vote. Jovita fought to empower *all* women until the day she died in San Antonio, Texas, at the age of 60.

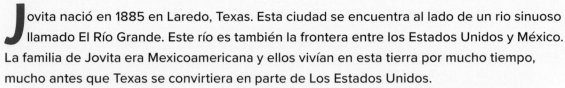

Jovita nació en 1885 en Laredo, Texas. Esta ciudad se encuentra al lado de un rio sinuoso llamado El Río Grande. Este río es también la frontera entre los Estados Unidos y México. La familia de Jovita era Mexicoamericana y ellos vivían en esta tierra por mucho tiempo, mucho antes que Texas se convirtiera en parte de Los Estados Unidos.

Aun así cuando Jovita era un niña en los 1890s, el gobierno de Texas trataba a los Mexicoamericanos como si ellos no pertenecieran allí. Los restaurantes y las tiendas ponían letreros que decían NO SE PERMITEN; MEXICANOS, NEGROS Y PERROS. Escuelas para mexicanos-estadounidenses tenían menos libros y edificios más deteriorados que las escuelas para niños blancos.

A diferencia de muchas niñas en ese tiempo, Jovita asistió a una escuela y aprendió a escribir. Ella se convirtió en una buena escritora, y también se unió al negocio familiar; escribiendo artículos para el periódico.

Ella escribió acerca de la vida de los Mexicoamericanos como agricultores y limpiadores de casa. Muchos trabajaban de sol a sol por un salario bajo. Ella también escribió acerca de lo pobre que eran las escuelas y como ellos eran bastantemente burlados por el color de su piel. Jovita no ponía su verdadero nombre en los artículos que escribía. ¡Hubiera sido muy peligroso si hubiera puesto su verdadero nombre! Ella usaba el nombre de Astrea. Este era el nombre de una diosa Griega de justicia. Las palabras de Astrea eran tan poderosas que el gobernador ordenó que los Rangers de Texas, una unidad especial, cerrarán el periódico de la familia en 1914.

Jovita bloqueó la puerta cuando el comando de Texas llegó a su casa. Ella sabía que la libertad de expresión y la libertad de la prensa eran protegidos por la constitución. Aunque la ley estaba de su lado, la policía regresó cuando nadie estaba allí. Ellos destruyeron la impresora con almádena.

Pero, aun así, ellos no podían detener a Jovita. Sus mensajes unieron a las mujeres Mexicoamericanos por todo Texas para mejorar sus escuelas y ganar mejores sueldos.

En 1919, las mujeres obtuvieron el derecho a votar. Pero las mujeres de color aún sufrían muchos desafíos. En veces, les pedían que pagaran impuestos de capitación o a que pasaran un examen antes de votar. Jovita luchó para que las voces de todas las mujeres fueran escuchadas hasta el día que ella murió en San Antonio, Texas a la edad de 60 años.

LA CRÓNICA

DESI ARNAZ

"Lucy, I'm home!" is the line Desi Arnaz was best known for. For six years in the 1950s, he was half of the most popular couple on TV. As Ricky Ricardo on *I Love Lucy*, Desi became one of the first Latino TV stars in America.

Desi spoke English with a Spanish accent and had dark hair and caramel-colored skin. Nobody else on TV at the time looked or sounded like him. He came to live in the US from Cuba when he was 16 years old. Desi learned English quickly because he loved talking to people. He also enjoyed telling jokes, dancing, and playing music. He moved to Hollywood, California, where he danced and sang in musicals. In a movie called *Too Many Girls*, he met Lucille Ball, an actress and comedian. "Lucy" later became his wife.

Lucy and Desi came up with the idea of making a show called *I Love Lucy*, starring the two of them as a married couple. But TV producers didn't think Americans would watch a show with a Latino character married to a white woman. Back then it was rare for a white person to marry a Latino.

Lucy and Desi set out to prove the producers wrong. They traveled the country performing a stage version of their show. Night after night, they made people laugh. Desi played Ricky Ricardo, a musician and band leader. While Ricky entertained crowds at his nightclub playing the conga drums, his wife, Lucy, dreamed of being a famous actress. After seeing their live shows sell out, TV producers gave *I Love Lucy* a chance.

The TV show was an instant hit! But Desi wasn't satisfied with being a star. He and Lucy became producers too. He wanted to decide what could be on TV. They started a company called Desilu Productions to make more TV shows. Though they divorced in 1961, they continued to work together. They created hugely successful TV shows, including *Star Trek* and *Mission Impossible*. Desi showed that not only could a Latino be a star but he could also be one of the most powerful people in Hollywood.

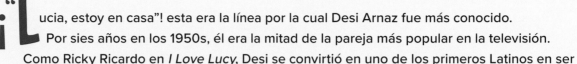

¡"Lucia, estoy en casa"! esta era la línea por la cual Desi Arnaz fue más conocido. Por sies años en los 1950s, él era la mitad de la pareja más popular en la televisión. Como Ricky Ricardo en *I Love Lucy*, Desi se convirtió en uno de los primeros Latinos en ser estrella de televisión en los Estados Unidos.

Desi hablaba Inglés con acento Español y tenía cabello obscuro y piel de color caramelo. Ninguna otra persona en ese tiempo se miraba o sonaba como él. El llego a los Estados Unidos de Cuba cuando tenía tan solo 17 años. Desi aprendió el Ingles rápido porque a él le gustaba hablar con las personas. A el también le gustaba decir bromas, bailar y tocar música. Él se mudó a Hollywood, California donde el bailaba y cantaba en musicales. En una película llamada *Too Many Girls* o *Demasiadas Chicas*, el conoció a Lucille Ball quien era un actriz y comediante. "Lucy" después se convirtió en su esposa.

A Lucy y Desi se les ocurrió la idea de hacer un show comediante llamado *I Love Lucy* lo cual protagonizaba a los dos como pareja. Pero los productores de televisión no pensaban que los americanos vieran un programa con un personaje Latino casado con una mujer blanca. En ese tiempo, era raro que una persona blanca se casara con un Latino.

Lucy y Desi se dispusieron a demostrarle a los productores lo incorrecto que estaban. Ellos viajaron todo el país realizando su show a audiencias en vivo. Noche tras noche, ellos hacían a las personas reír. Desi jugaba el papel de Ricky Ricardo, un músico y líder de una banda. Mientras que Ricky entretenía a multitudes en su club nocturno tocando la batería, su esposa Lucy soñaba con ser una actriz famosa. Después de ver que su presentación de escenario se vendía hasta agotarse, los productores de televisión dieron una oportunidad a *I Love Lucy*.

¡El espectáculo fue un éxito instantáneo! Pero Desi no estaba satisfecho con ser una estrella. Él y Lucy se convirtieron en productores también. Él quería decidir quien estaría en la televisión. Ellos comenzaron una empresa llamada Desilu Producciones para hacer más espectáculos de televisión. Aunque ellos se divorciaron en 1961, ellos continuaron trabajando juntos. Ellos crearon muchos espectáculos de televisión exitosos incluyendo *Star Trek* y *Misión Imposible*. Desi demostro que un Latino no solamente puede ser estrella, sino también podía ser una de las personas más poderosas de Hollywood.

CÉSAR CHÁVEZ & DOLORES HUERTA

When Cesar Chavez was in the eighth grade, he had to quit school to help his parents pick grapes. His family was that poor. Farm workers were in the fields all day long. Many had no water to drink or bathrooms nearby. Growers would spray the fields with pesticides, chemicals that kept insects from ruining the crops. Sometimes the workers would get sprayed, too, and they would get sick from the chemicals.

As a teenager in the 1940s, it made Cesar angry to see how hard Latino farmworkers labored and how poorly they were treated. As a man in the 1950s, he decided to change that. He traveled across California working with the Community Service Organization. He held meetings in people's homes and knocked on strangers' doors. He asked them to vote to make their schools better and to end discrimination against Latinos. Cesar was a great leader in the organization, and it was there that he met another powerful leader, Dolores Huerta.

1927–1993

1930–

Cuando César Chávez estaba en octavo grado, él tuvo que dejar la escuela para poder ayudar a sus padres a cosechar uvas porque su familia era muy pobre. Los agricultores estaban en los campos desde el amanecer hasta el atardecer. Muchos no tenían agua para tomar ni tampoco tenían baños cerca. A veces los agricultores rociaban químicas de pesticidas y se enfermaban.

En 1940, cuando César Chávez era un adolescente, él se enojaba al ver que tan duro trabajaban los agricultores Latinos y que tan mal los trataban. Por lo tanto en 1950, el decidió intentar cambiar eso. Él trabajo con la Organización de Servicio Comunitario, viajando por todo California. Él dirigía juntas en las casas de las personas y tocaba puertas de extraños. Él les pedía que votaran para que hicieran mejores escuelas y para que la discriminación en contra de los Latinos se terminara. César era un gran líder en la organización, y es allí donde el conoció a otra líder poderosa, Dolores Huerta.

Back then it was rare for a woman to be running meetings and speaking to large audiences. Some people criticized Dolores for working instead of staying home with her children. Dolores had learned from her mother to care for the poor. Her mother ran a hotel and often let farmworkers stay for free. Dolores knew she was doing important work.

Dolores and Cesar became close friends. They realized there was power in numbers. When a lot of people demand the same things, they are more likely to get what they want. Cesar and Dolores decided that the only way to improve the lives of farmworkers was to help them band together. So they formed a new organization–the United Farm Workers (UFW). The more people who joined the UFW, the more power they had. Cesar and Dolores traveled around Imperial Valley and San Joaquin Valley in California, where farms stretched for miles. One field and one conversation at a time, they convinced thousands of grape pickers and other farmworkers to join their organization.

In 1965, Dolores and Cesar launched a boycott, a type of protest. They asked Americans to help farmworkers by refusing to buy grapes at the supermarket. More than 17 million Americans joined the boycott, and grapes shriveled up and went bad in markets around the country. When people stopped buying grapes at the grocery store, stores stopped buying grapes from the growers. This forced the growers to listen to the farmworkers' demands.

Progress did not come quickly. It took five years of boycotts and other peaceful protests before the workers won. Finally, the growers agreed to pay farmworkers more and to give them bathrooms and drinking water near the fields where they picked. These changes, due to the hard work of Cesar and Dolores, made a huge difference in the lives of tens of thousands of workers.

En ese entonces, era raro que una mujer dirigiera reuniones y hablara ante grandes audiencias. Algunas personas criticaban a Dolores por trabajar en vez de quedarse en casa con sus hijos. Dolores había aprendido de su madre la importancia de cuidar de los pobres. Su madre era dueña de un hotel y con frecuencia dejaba que los trabajadores agricultores pobres se quedaran a dormir gratis. Dolores sabía que ella hacia trabajo importante.

Dolores y César se convirtieron en amigos cercanos. Ellos aprendieron que había poder en los números; entre más personas demandaran las mismas cosas, más probable era obtener lo que querían. César y Dolores decidieron que la única manera en la que ellos podrían mejorar la vida de los agricultores era en unirlos. Entonces, ellos fundaron una nueva organización llamada United Farm Workers (UFW)—Trabajadores Agricultores Unidos. Entre más personas se unían a la organización, más poder tenía. César y Dolores viajaban por todo el Valle Imperial y el Valle de San Joaquín en California donde los campos se estrechaban por millas. Una conversación a la vez, así es como ellos convencían a miles de agricultores a unirse a su organización.

En 1965, Dolores y César iniciaron un boicot, un tipo de protesta. Ellos les pidieron a los ciudadanos estadounidenses que los apoyaran al reusar comprar uvas en los supermercados. Más que 17 millones de ciudadanos estadounidenses se unieron al boicot y las uvas se arrugaron en las tiendas en todo el país. Cuando las personas paraban de comprar uvas en las tiendas, las tiendas no compraban uvas de los granjeros. Esto forzaba a los granjeros a que escucharan a las demandas de los trabajadores.

El progreso no llegó pronto, pues tomó 5 años de boicoteos y protestas pacíficas para que los trabajadores ganaran. Finalmente, los productores acordaron pagarle más a los agricultores, darles baños, y darles agua cerca de donde ellos trabajaban. Estos cambios hicieron la diferencia para miles de trabajadores agricultores; gracias al trabajo duro de Dolores Huerta y César Chávez.

ROBERTO CLEMENTE

Roberto Clemente was born in Puerto Rico, the youngest of seven children. His father worked on a sugarcane farm, and his mother was a laundress. There was no money for anything other than food and a small home for their large family.

Roberto taught himself how to play baseball using the branch of a guava tree for a bat, a coffee cloth for a mitt, and a bundle of rags for a ball. He didn't have good equipment, but he had a ton of talent. Roberto also had heart. He played in the hot sun and in pounding rain. He hit the ball *really* hard and far. His aim was perfect, and he threw the ball farther than anyone in his league. He would zip around the bases. When Major League Baseball (MLB) scouts came to Puerto Rico looking for the best players, the Brooklyn Dodgers offered him a contract.

Roberto was Afro-Latino and didn't speak much English when he first arrived in the US in 1954. He was treated differently from his white teammates. When they traveled for away games in the South, Roberto had to eat his dinner on the bus because Black and brown people were not allowed to eat in many restaurants. At some hotels he wasn't allowed to sleep in the same rooms as other players. For a year, Roberto was kept in the minor league in Canada and often sat on the bench instead of playing.

The Pittsburgh Pirates offered him the chance to play more. When he joined the Pirates in 1955, it was one of the worst teams in the country. But Roberto changed that. Hitting 240 home runs, stealing bases, and catching balls way out in the outfield, he was unbeatable! Twice Roberto helped bring his team to the World Series, and twice they won. He played 18 seasons with the Pirates, making his number—21—famous.

Roberto was more than a great player—he was a good person. He often traveled back to Puerto Rico to teach children how to play. Roberto would say, "If you have a chance to help others and fail to do so, you're wasting your time on this earth." After an earthquake in 1972 left thousands of people in Nicaragua without food and water, he collected food and supplies and loaded up a plane. He was on that plane headed to Nicaragua when it crashed.

Now, every year, the Roberto Clemente Humanitarian Award is given to an MLB player who shows the same kindness and caring that Roberto did.

Roberto Celemente nació en Puerto Rico, era el más joven de siete hijos. Su padre trabajaba como agricultor de caña y su madre era lavandera de ropa. Además de tener una casa pequeña y una familia grande, ellos no tenían dinero más que para comer.

Roberto se enseñó así mismo como jugar Béisbol usando la rama del árbol de guayaba como un bate, ropa de café como guante y un manojo de trapos para una pelota. Él no tenía buenos materiales, pero tenía mucho talento. Roberto también tenía corazón para el juego. Él jugaba bajo el sol caliente o bajo la lluvia. El bateaba la pelota fuerte y lejos. Su puntería era perfecta y el tiraba la pelota más lejos que ningún otro en su liga. Él se deslizaba alrededor de las bases. Cuando los cazatalentos de las Grandes Ligas de Béisbol llegaron a Puerto Rico en busca de los mejores jugadores, los Dodgers de Brooklyn le ofrecieron un contrato.

Roberto era Afrolatino y no hablaba mucho inglés cuando llegó por primera vez a los EE. UU. en 1954. Fue tratado de manera diferente que sus compañeros blancos. Cuando viajaban para los partidos fuera de casa en el sur, Roberto tenía que cenar en el autobús porque a los negros y morenos no se les permitía comer en muchos restaurantes. En algunos hoteles no se le permitía dormir en las mismas habitaciones que otros jugadores. Durante un año, Roberto se mantuvo en la liga menor de Canadá y a menudo, se sentaba en la banca en lugar de jugar.

Los Piratas de Pittsburgh le ofrecieron la oportunidad de jugar más. Cuando se unió a los Piratas en 1955, eran uno de los peores equipos del país. Pero Roberto cambió eso. Conectó 240 jonrones, robó bases y atrapó pelotas en los jardines. ¡Fue imbatible! Dos veces Roberto ayudó a llevar a su equipo a la Serie Mundial, y dos veces ganaron. Jugó 18 temporadas con los Piratas, haciendo famoso su número, el 21.

Roberto era más que un gran jugador, el también era una buena persona. Regresó a Puerto Rico para enseñar a los niños a jugar béisbol. Roberto diría: "Si tienes la oportunidad de ayudar a otros y no lo haces, estás perdiendo el tiempo en esta tierra". Después de que un terremoto en 1972 dejó a miles de personas en Nicaragua sin comida y agua, recolectó alimentos y suministros y cargó un avión. Él estaba en ese avión que se dirigía a Nicaragua cuando se estrelló.

Ahora, cada año, el Premio Humanitario Roberto Clemente se otorga a un jugador que muestra la misma amabilidad y cariño que mostró Roberto.

WILLIE VELÁSQUEZ

The son of a butcher, Willie grew up in San Antonio, Texas. There he noticed things that didn't seem fair. He wondered why his Westside barrio always flooded when it rained, while other neighborhoods did not. He knew that his Mexican American neighbors worked all day but barely earned enough to eat. Some of them didn't even have running water!

When Willie was 24, he started figuring out how he could change the things that seemed unfair. He began working with Cesar Chavez and Dolores Huerta at the United Farm Workers (UFW). As he helped farmworkers strike for better working conditions, he realized that if Latinos banded together, they would have the power to change other things too! He was convinced that if they would vote, they could elect people who would improve roads and schools, and make sure everyone had a good job.

But getting Latinos to vote wasn't as easy as it sounds. Some were afraid they could be fired from their jobs by their Anglo bosses who didn't want them voting. Others didn't believe voting would change anything. Even in the cities that were mostly Latino, the mayors and other people in charge were not Latino.

In 1974, Willie could see into the future. He knew that someday there would be enough Latinos voting in elections that leaders would *have to* listen to them. He knew that Latinos could *be* those leaders! He founded his organization, the Southwest Voter Project, to register one million Latino voters in Texas, Arizona, New Mexico, Colorado, and California.

Willie couldn't do this work alone. He and thousands of volunteers knocked on doors in Latino neighborhoods. They went to churches, Mexican restaurants, schools, and parks—wherever they could find Latinos. They held parties serving tamales and tacos, with popular Latino bands, and groups dancing ballet folklórico.

With a lot of help, Willie got hundreds of thousands of Latinos to vote for the first time. He convinced Latinos to run for school boards to improve their neighborhood schools. He urged them to run for city councils where they could decide which roads to pave. Some even ran for Congress where they could pass new laws.

Spreading the message "Your vote is your voice," he helped organize Latinos into one of the largest, most powerful groups of voters in the US.

Hijo de un carnicero, Willie creció en San Antonio, Texas. Allí, notó cosas que no parecían justas. Se preguntó por qué su barrio del lado Oeste siempre se inundaba cuando llovía, mientras que otros barrios no. Él sabía que sus vecinos Mexicoamericanos trabajaban todo el día pero apenas ganaban lo suficiente para comer. ¡Algunos de ellos ni siquiera tenían agua corriente!

Cuando Willie tenía 24 años, comenzó a descubrir cómo podía cambiar las cosas que le parecían injustas. Comenzó a trabajar con César Chávez y Dolores Huerta en United Farm Workers (UFW). Mientras ayudaba a los trabajadores agrícolas a formar huelgas para mejores condiciones de trabajo, se dio cuenta de que si los Latinos se unían, también tendrían el poder de cambiar otras cosas. Estaba convencido que, si votaran, podrían elegir a personas que mejorarían las escuelas y los caminos y se asegurarían de que todos tuvieran mejores trabajos.

Pero para lograr que los latinos votaran no fue tan fácil como parece porque muchos latinos no votaron. Algunos tenían miedo de que sus jefes angloamericanos los despedirán de sus trabajos si votarían. Otros no creían que votar cambiaría nada. E incluso, en las ciudades que eran mayormente latinas, los alcaldes y otras personas a cargo no eran latinos.

En 1974, Willie podía ver el futuro. El sabía que algún día habrían suficientes latinos votando en las elecciones y que los líderes tendrían que escucharlos. Entonces, Willie fundó su propia organización y la llamó Southwest Voter Project o Proyecto de Votantes del Suroeste. Estaera específicamente para registrar 1 millón de votantes latinos en Texas, Arizona, Nuevo México, Colorado y California.

Pero Willie no pudo hacer este trabajo solo. Él y miles de voluntarios tocaron puertas en vecindarios latinos. Ellos fueron a iglesias, restaurantes mexicanos, escuelas y parques. Ellos iban a donde quiera que pudieran encontrar latinos. Hicieron fiestas en las que se sirvieron tamales y tacos, con bandas populares latinas y grupos bailando ballet folklórico.

Uno a uno y con mucha ayuda, Willie logró que cientos de miles de latinos votaran por primera vez. Incluso convenció a muchos latinos de postularse para juntas escolares para mejorar las escuelas de sus vecindarios. Los instó a postularse para los ayuntamientos donde podrían decidir qué caminos pavimentar. Algunos se postularon para el Congreso donde podrían aprobar nuevas leyes.

Asi mismo, difundía el mensaje "Tu Voto es Tu Voz", y ayudó a unir a los latinos en uno de los grupos de votantes más grandes y poderosos de los EE. UU.

SONIA SOTOMAYOR

In 1964, when Sonia Sotomayor was just ten, she knew she wanted to be a lawyer like Perry Mason, the lead character on her favorite TV show. Her mom was a nurse, working the night shift and weekends. Her dad, who died when Sonia was nine, had worked in a factory. They lived in a sprawling housing project in the Bronx, a borough of New York City, with thousands of other Puerto Rican families. After Sonia's dad died, she had to help her mom around the house. While her mom worked extra hours to support Sonia and her brother, Sonia washed dishes, bought groceries, and made sure her younger brother did his homework.

Sonia was determined, tough, and curious, which is why her family gave her the nickname Aji, "hot pepper." When she wasn't doing schoolwork and helping her mom, she watched Perry Mason investigate crimes. Sonia knew she had the talent to be a great lawyer, though in her neighborhood, most of the adults worked in restaurants, cleaning houses, or making deliveries.

Sonia studied hard and graduated at the top of her class. Since she was the first person in her family to go to college, she researched the best schools and decided she wanted to go to Princeton University. There, she joined a Puerto Rican student group and began to fight for equal treatment for Puerto Ricans. Next, she went to Yale Law School, and then she finally got to be a powerful lawyer. First, she worked as a prosecutor in New York City. It was her job to make sure that criminals who broke the law were taken to court.

She did such a good job and won so many cases that New York senator Patrick Moynihan recommended her to President George W. Bush, who appointed her to be a judge. As she decided cases in New York, the lawyers and other judges she worked with could see that she was brilliant. In 2009, President Obama nominated her for a seat on the Supreme Court, the most important court in the US.

She was easily confirmed by the Senate, becoming the first Latina Supreme Court justice. She helps decide many important cases. In one opinion, she decided that gay and lesbian couples should have the right to marry. Every day, she works to protect the rights of women, immigrants, and whoever else needs protecting in one of the most important jobs in the country.

En 1964, cuando Sonia Sotomayor tenía tan solamente 10 años, sabía que quería ser abogada cuando fuera grande. Justo un año antes, su padre había muerto. Él había trabajado en una fábrica. Su mamá era enfermera y trabajaba en el turno de noche y los fines de semana. Vivían en un complejo de viviendas en expansión en el Bronx, un distrito de la ciudad de Nueva York, con miles de otras familias puertorriqueñas como la de ella. Después de que el padre de Sonia murió, ella tuvo que ayudar a su madre en la casa. Mientras su madre trabajaba horas extra para mantener a Sonia y su hermano, Sonia lavaba los platos, compraba comestibles y se aseguraba de que su hermano menor hiciera su tarea.

Sonia era decidida, dura y curiosa, por eso su familia le puso el apodo de "Aji", chile picante. Sonia quería proteger a personas inocentes como el abogado de su programa de televisión favorito, Perry Mason. Perry siempre investigó y descubrió la verdad. Sonia sabía que tenía talento para ser una gran abogada, aunque en su barrio la mayoría de los adultos trabajaban en restaurantes, limpiando casas y haciendo entregas.

Sonia estudió mucho y se graduó como la mejor de su clase. Como fue la primera persona de su familia en ir a la universidad, investigó las mejores escuelas y decidió ir a la universidad de Princeton. Allí se unió a un grupo de estudiantes puertorriqueños y comenzó a luchar por la igualdad de trato para los puertorriqueños. Luego, fue a la facultad de derecho de la universidad de Yale. Finalmente, se puso a trabajar como una poderosa abogada. Primero, trabajó como fiscal en la ciudad de Nueva York. Era su trabajo asegurar que los delincuentes que infringieran la ley fueran llevados ante los tribunales.

Hizo un trabajo tan bueno y ganó tantos casos que el senador Moynihan de Nueva York la recomendó al presidente George W. Bush, quien la nombró juez. Mientras decidía casos en Nueva York, los abogados y otros jueces con los que trabajaba podían ver que era brillante. En 2009, el presidente Obama la nominó para un puesto en la Corte Suprema, la corte más importante de los EE. UU.

El Senado la confirmó fácilmente convirtiéndose en la primera jueza latina de la Corte Suprema. Ella ayuda a decidir muchos casos importantes. En una opinión, decidió que las parejas de homosexuales y lesbianas deberían tener derecho a casarse. Todos los días trabaja para proteger los derechos de las mujeres, los inmigrantes y cualquier otra persona que necesite protección en uno de los trabajos más importantes del país.

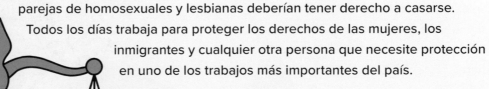

SANDRA CISNEROS

Sandra grew up in a noisy house in Chicago, Illinois. Her six brothers played tag, wrestled, and ran around. Sandra preferred to spend her time in the quiet library in her Humboldt Park neighborhood. Every weekend, Sandra and her mom would walk by bodegas and children playing in the streets in front of houses with salsa music blaring on the radios on their way to the library. Her neighbors were Italian, Puerto Rican, and Mexican American like her. On the way home, her arms would be filled with books.

Her favorite stories were Greek myths and fairy tales by Hans Christian Andersen. Reading fantastic tales about Greek gods and princesses and mermaids made Sandra want to write stories one day. She would write about Chicano and Mexican American families like her own.

When Sandra was young, her family traveled back and forth between Chicago and Mexico City, her father's hometown. They would pack up their car and drive south for days until they reached big and bustling Mexico City. Sandra loved the smell of the city, the street vendors selling chewing gum, toys, and steamed corn with cheese and chili. Little green taxi cabs zipped across the crowded streets, carrying people around town. Traveling in between two countries gave Sandra a gift as a writer. She would later say that she had "twice as many words to pick from . . . two ways of looking at the world."

Her love of reading inspired her to write her own poems and stories, the stories of moms who soothed crying babies in homes spilling over with laughter and spicy food. In 1983, she published a book called *The House on Mango Street*, giving millions of readers a glimpse into the lives of girls like her, who danced, played, and dreamed in a jam-packed house in a Latino neighborhood. Now, children like Sandra, who like to read, can go to any library and find her books there.

Cuando Sandra era una niña, vivía en una casa ruidosa en Chicago, Illinois. Sus seis hermanos jugaban al "tú la traes", luchaban y corrían mientras que Sandra prefería pasar su tiempo en la tranquila biblioteca de su barrio de Humboldt Park. Todos los fines de semana, Sandra y su mamá pasaban por las bodegas y los niños jugaban en las calles frente a las casas con música de salsa a todo volumen en las radios de camino a la biblioteca. Sus vecinos eran italianos, puertorriqueños y mexicoamericanos como ella. De camino a casa, sus brazos estaban llenos de libros.

Sus historias favoritas eran los mitos griegos y los cuentos de hadas de Hans Christian Anderson. Leyendo cuentos fantásticos sobre dioses griegos, princesas y sirenas, ya no se sentía sola. Sandra sabía que algún día quería escribir sus propias historias, sobre familias chicanas y mexicoamericanas como la suya.

Cuando Sandra era joven, viajaba de Chicago a la Ciudad de México, la ciudad natal de su padre. La familia empaquetaba su automóvil y conducía hacia el sur durante días hasta llegar a la gran y bulliciosa Ciudad de México. A Sandra le encantaba el olor de la ciudad, los vendedores ambulantes vendiendo maíz al vapor con queso y chile, chicles y juguetes. Pequeños taxis verdes cruzaban las calles atestadas de gente transportando gente por la ciudad. Viajar entre dos países le dio a Sandra un don como escritora. Más tarde diría que tenía "el doble de palabras para elegir . . . dos formas de ver el mundo".

Su amor por la lectura la inspiró a escribir sus propios poemas e historias, las historias de mamás que calmaban a los bebés que lloraban, en hogares rebosantes de risas y comida picante. En 1983, publicó un libro llamado *La Casa De La Calle de Mango* que brinda a millones de lectores un vistazo a la vida de niñas como ella, que bailaban, jugaban y soñaban en una casa abarrotada en un vecindario Latino. Ahora, niños como Sandra, a quienes les gusta leer, pueden ir a cualquier biblioteca y encontrar sus libros allí.

JORGE RAMOS

Jorge Ramos was born in one of the biggest, busiest cities in the world, Mexico City. He lived on an active street where he played with his brothers and sister. As a kid he imagined traveling to the US and listening to music in English and singing along to the words, even though he didn't understand them yet.

When he was a teenager, Jorge went to college to study journalism. While he was a student, he began his first job at a radio station. He moved quickly into TV reporting so he could travel around Mexico. Jorge landed a job on a popular news show in Mexico called *60 Minutos*. In one of Jorge's first big stories, he said that Mexicans should be allowed to elect their president. He complained that the government was dishonest and that elections were unfair. In Mexico at that time, it wasn't OK to criticize the government. The news station made changes to Jorge's story. They wouldn't let him speak honestly on TV.

This made Jorge so angry that he quit his dream job. He sold his Volkswagen Beetle and used the money to move to California. There, he waited tables to earn money until he was hired by a local news station. That small station then became part of Univision, the largest Spanish language network in the US. By the time Jorge was just 28, he was on TV every night as Univision's national evening news anchor. Though he was young, he was fearless.

While millions of viewers watched, Jorge asked hard questions of powerful people. He explains, "We should challenge almost everything that dictators, presidents, and officials say." In the US, nobody tried to change Jorge's stories. But sometimes he got into trouble for asking questions.

In 2019, he showed president Nicolás Maduro of Venezuela a video of Venezuelans eating food out of the garbage because they were so hungry. Jorge demanded to know why the government wasn't making sure people had enough to eat. President Maduro was so mad that he made Jorge leave the country that night. Once when Donald Trump was running for president of the US, Jorge asked him why so many Latinos didn't like him. Trump had a security guard remove Jorge from the press conference.

Though world leaders don't always like Jorge or his questions, Latinos love him and his devotion to getting answers.

Jorge Ramos creció en una de las ciudades más grandes y concurridas del mundo, la Ciudad de México. Vivía en una calle ruidosa donde jugaba con sus hermanos y hermana. Cuando era niño, se imaginaba viajando a los Estados Unidos y escuchando música en inglés, cantando las palabras, aunque todavía no las entendía.

Cuando era adolescente, Jorge tenía grandes sueños de convertirse en periodista, así que fue a la universidad para estudiar periodismo. Siendo estudiante, comenzó su primer trabajo en una estación de radio. Se pasó rápidamente a los reportajes de televisión para poder viajar por México. Jorge consiguió un trabajo en un programa popular llamado *60 Minutos*. En una de las primeras grandes historias de Jorge, dijo que los Mexicanos deberían poder elegir a su presidente. Se quejó de que el gobierno fue deshonesto y que las elecciones fueron injustas. En México en ese momento, no estaba bien criticar al gobierno. La estación de noticias hizo cambios en la historia de Jorge. No lo dejaban hablar honestamente en la televisión.

Esto hizo que Jorge se enojara tanto que renunció al trabajo de sus sueños. Vendió su Volkswagen Beetle y usó el dinero para mudarse a California. Allí, sirvió mesas para ganar dinero hasta que fue contratado por una estación de noticias local. Esa pequeña estación luego se convirtió en parte de Univisión, la cadena en español más grande de los Estados Unidos. Cuando Jorge tenía solo 28 años, aparecía en la televisión todas las noches como el presentador nacional de noticias vespertinas de Univisión.

Mientras millones de televidentes miran, Jorge hace preguntas difíciles a personas poderosas. Él explica: "Deberíamos desafiar casi todo lo que dicen los dictadores, presidentes y funcionarios". Preguntó por qué se deportaba a los inmigrantes mexicanos y por qué las empresas no pagaban bien a sus trabajadores Latinos. En los EE. UU., nadie trató de cambiar las historias de Jorge, pero a veces se metió en problemas por hacer preguntas.

En 2019, le mostró al presidente Nicolás Maduro de Venezuela un video de venezolanos comiendo comida de la basura porque tenían mucha hambre. Jorge exigió saber por qué el gobierno no se aseguraba de que la gente tuviera suficiente para comer. El presidente Maduro estaba tan enojado que hizo que Jorge se fuera del país esa noche. Una vez, cuando Donald Trump se postulaba para presidente de los EE. UU., Jorge le preguntó por qué no le gustaba a tantos Latinos. Trump hizo que un guardia de seguridad sacara a Jorge de la conferencia de prensa.

Aunque a los líderes mundiales no siempre les gusta Jorge o sus preguntas, los Latinos lo aman y aman su intrépida devoción por obtener respuestas.

ELLEN OCHOA

hen Ellen Ochoa was a high school student in Southern California in the 1970s, there weren't any women going to space. But in just a few years, Ellen would change that.

Ellen's mom raised Ellen and her four siblings by herself. She told all her children to study hard, do their homework, and get good grades. Ellen listened. She worked so hard and was so smart that she graduated as the number one student in her high school class. She even learned to play the flute, becoming a talented musician.

Neither of Ellen's parents had been to college, but Ellen went to Stanford University in California, one of the best colleges in the country. There, she was one of very few women studying physics and engineering. She dreamed of being an astronaut, even though no other Latina women had ever been to space. After graduating at the top of her class at Stanford, she applied to the National Aeronautics and Space Administration (NASA). Thousands of other people dreamed of being an astronaut too. Ellen was not one of the lucky few who got a job.

So she became a pilot and applied to NASA again. And a second time, she was rejected. Many people would have given up at this point, but Ellen was determined. In 1990, she applied to NASA for a third time. And finally she was accepted!

Astronauts need 1,000 hours of flying before they can go into space. After three years, Ellen was ready to take flight. She strapped into the space shuttle *Discovery*, ready for takeoff: 3-2-1, she was off and looking down over Earth, thinking she was one of the luckiest people in the world. Once *Discovery* was in orbit, Ellen took out her flute and played beautiful music amongst the stars.

1958–

Cuando Ellen Ochoa era estudiante de secundaria en el sur de California en la década de 1970, no había mujeres que viajaran al espacio. Pero en unos pocos años, Ellen cambiaría todo eso.

La madre de Ellen crio sola a Ellen y a sus cuatro hermanos. Les dijo a todos sus hijos que estudiaran mucho, hicieran sus tareas y sacaran buenas notas. Elena escuchó. Trabajó tanto y fue tan inteligente que se graduó como la alumna número uno de su clase de secundaria. Incluso aprendió a tocar la flauta, convirtiéndose en una talentosa música.

Ninguno de los padres de Ellen había ido a la universidad, pero Ellen fue a la Universidad de Stanford en California, una de las mejores universidades del país. Allí, ella era una de las pocas mujeres que estudiaban física e ingeniería. Soñaba con ser astronauta, aunque ninguna otra mujer latina había estado nunca en el espacio. Después de graduarse como la mejor de su clase en Stanford, se postuló para la Administración Nacional de Aeronáutica y del Espacio (NASA). Miles de otras personas también soñaban con ser astronautas, y Ellen no fue una de las pocas afortunadas que consiguió un trabajo.

Así que Ellen se convirtió en piloto y volvió a postularse para la NASA. Y una segunda vez, fue rechazada. Muchas personas se habrían dado por vencidas en este punto, pero Ellen estaba decidida. En 1990, se postuló a la NASA por tercera vez. ¡Y finalmente, fue aceptada!

Los astronautas necesitan 1000 horas de vuelo antes de poder ir al espacio. Después de tres años, Ellen estaba lista para tomar vuelo. Se ató al transbordador espacial *Discovery*, lista para despegar. 3-2-1, estaba apagada y mirando hacia la Tierra, pensando que era una de las personas más afortunadas del mundo. Una vez que el *Discovery* estuvo en órbita, Ellen sacó su flauta y tocó una hermosa música entre las estrellas.

JEAN-MICHEL BASQUIAT

It didn't matter that Jean-Michel Basquiat never studied painting. He made art nearly every day of his very short life. He was born in 1960 in New York City. His mother was Afro-Latina from Puerto Rico, and his father came from the island country of Haiti. Learning Spanish from his mother's side and French from his father's side, Jean-Michel was fluent in three languages, including English.

His mother, Matilde, could see early on that her son had a gift for drawing. She would take him to the Museum of Modern Art in New York City, where he saw paintings and sculptures by famous artists like Pablo Picasso and Jackson Pollock. Jean-Michel's father would bring home paper from his accounting office for him to draw on.

When Jean-Michel was seven, he was hit by a car and spent many weeks recovering in the hospital. His mother brought him a book about the human body called *Gray's Anatomy* so that he could understand how his broken bones were healing. The pictures of bones, muscles, and organs changed the way Jean-Michel thought about art. He saw how bodies could tell stories about things we felt or experienced on the inside.

When he was just 17, he left home. He sold his artwork on postcards and T-shirts to buy food. Sometimes he slept on park benches. Sometimes he would spray-paint the walls of buildings, making graffiti art.

His graffiti was so bold and unique that people around town began to notice it. He signed every piece "SAMO©." This was short for "Same-Old," which was actually a joke. He knew that his art was anything but the same old stuff other artists were making. Jean-Michel combined words, symbols, and images in his art. He mixed materials like oil paint and watercolors with wire, fabric, and wood. His approach to art was completely new.

He wasn't afraid to make people think and feel uncomfortable. He used his art to tell stories about African people who had been enslaved, about prisoners, cooks, and janitors. His art made people look at things through his eyes as a Black man. In 1980, at the age of just 21, he soared to fame after his first art show. Over the next six years, he created thousands of amazing paintings. Many of his works hang in important museums around the world. He inspired other artists, hip-hop singers, and fashion designers. He did all of that before he died when he was just 27.

Jean-Michel Basquiat nunca estudió pintura. Pero hizo arte casi todos los días de su corta vida. Nació en 1960 en la ciudad de Nueva York. Su madre era afrolatina de Puerto Rico y su padre vino del país insular de Haití. Aprendió español por parte de su madre y Francés por parte de su padre, Jean-Michel, quien dominaba tres idiomas incluyendo el inglés.

Su madre, Matilde, pudo ver desde el principio que su hijo tenía un don para el arte. Ella lo llevaría al Museo de Artes Moderno donde veía pinturas y esculturas de artistas famosos como Pablo Picasso y Jackson Pollock. El padre de Michel le traía a casa papel de su oficina de contabilidad repetidamente para que dibujara.

Cuando Jean-Michel tenía siete años, fue atropellado por un automóvil y pasó muchas semanas recuperándose en el hospital. Su madre le trajo un libro sobre el cuerpo humano llamado *Anatomía de Gray*. Esto, para que pudiera entender cómo sus huesos rotos estaban sanando. Las imágenes de huesos, músculos y los órganos cambiaron la forma de pensar de Jean-Michel sobre el arte. El vio cómo los cuerpos pueden contar historias sobre cosas que sentimos o experimentamos en el interior.

Cuando tenía apenas 17 años, se fue de casa. Vendió su obra de arte en postales y camisetas para comprar comida. A veces dormía en el parque y a veces pintaba con espray las paredes de los edificios haciendo grafitis.

Su grafiti era tan atrevido y único que la gente de la ciudad empezó a notarlo. Firmó cada pieza "SAMO©". Esto era abreviatura de "Same-Old", que en realidad era una broma. Él sabía que su arte era cualquier cosa menos lo mismo que otros artistas estaban haciendo. Jean-Michael mezcló palabras, símbolos e imágenes en su Arte. Mezcló materiales como pintura al óleo y acuarelas con alambre, tela y madera. El enfoque de su arte era completamente nuevo.

No tenía miedo de hacer que la gente pensara y se sintiera incómoda. Usó su arte para contar historias sobre personas africanas que habían sido esclavizados, sobre prisioneros, cocineros y conserjes. Su arte hizo personas mirar las cosas a través de sus ojos como un hombre negro. En 1980, a la edad de tan solo 21 años, saltó a la fama después de su primera exposición de arte. Durante los próximo seis años, creó miles de pinturas asombrosas. Muchas de sus obras cuelgan en importantes museos de todo el mundo. El inspiró a otros artistas, cantantes de hip-hop y diseñadores de moda. Y él hizo todo esto antes de morir cuando solo tenía 27 años.

MARÍA HINOJOSA

When Maria was a little girl, she dreamed of becoming a famous movie star. She would become famous someday, for a very different reason.

Maria was born in Mexico City, and her family moved to Chicago, Illinois, when she was a baby. Chicago was very different from Mexico. It was cold and snowy and most people spoke English. Maria's family spoke Spanish. Other children may have been nervous about talking to people in a foreign country, but not Maria. She was very outgoing. This would turn out to be a helpful skill.

At night, Maria would sit and watch the news with her parents. As she listened to stories about people in other cities and different countries, she would always ask questions. *Why didn't some people have food? Why did Black people have to march for good housing? Why did countries go to war?*

CUBA

When she finished high school, Maria packed a suitcase with all the clothes, books, and shoes she could carry and set off for Barnard College in New York City. She quickly made friends there, and one of them asked her to become a radio host on the college station. Maria spoke perfect English and Spanish. She used her airtime to interview Latinos from places like Cuba, Mexico, and El Salvador. Students and other New Yorkers started to tune in to hear Maria's interviews. She talked to farmers who were running from a civil war in El Salvador. She interviewed students from Guatemala who risked their lives by protesting their government. War and politics were complicated, and Maria wanted Americans to understand what was happening in Latin American countries not so far from home. Her audience wanted to learn!

MEXICO

Maria decided to study journalism. She began to work on TV and to reach even more people with her stories. As the first and most famous Latina in some of the biggest newsrooms in the country, Maria's voice and face are known to millions of people who count on her to uncover the truth.

1961–

Cuando María era una niña, soñaba con convertirse en una famosa estrella de cine. Ella lograría llegar a ser famosa algún día, pero por una razón muy diferente.

María nació en la Ciudad de México y su familia se mudó a Chicago, Illinois cuando era una bebé. Chicago era muy diferente a México. Hacía frío y nevaba y la mayoría de la gente hablaba inglés. La familia de María hablaba español. Otros niños pudieron haber estado nerviosos por hablar con personas en un país extranjero, pero María no. Ella era muy extrovertida y querida mientras hablaba con personas. Esto resultaría ser una habilidad muy útil.

Por la noche, María se sentaba a ver las noticias con sus padres. Mientras escuchaba historias sobre personas en otras ciudades y diferentes países, siempre hacía preguntas. *¿Por qué algunas personas no tienen comida? ¿Por qué los negros tuvieron que marchar por una mejor vida? ¿Por qué países van a la guerra?*

Cuando terminó la secundaria, María empaco una maleta con toda la ropa, libros y zapatos que pudiera llevar y partió hacia Barnard College en la ciudad de Nueva York. Allí, ella rápidamente hizo amigos y uno de ellos le pidió que se convirtiera en locutora de radio en la estación de la universidad. María hablaba inglés y español perfectamente. Usó su tiempo al aire para entrevistar Latinos de lugares como Cuba, México y El Salvador. Estudiantes y otros Neoyorquinos comenzaron a sintonizar para escuchar las entrevistas de María. Habló con agricultores que huían de una guerra civil en El Salvador. Ella entrevistó a estudiantes de Guatemala que arriesgaron sus vidas al protestar contra su gobierno. Guerra y la política era complicada y María quería que los estadounidenses entendieran lo que estaba pasando en los países latinoamericanos no tan lejos de casa. ¡Su público quería aprender!

María decidió estudiar periodismo para poder ser aún mejor en encontrar y compartir la verdad. También empezó a trabajar en televisión para llegar a más personas con sus historias. Como la primera y más famosa Latina en algunas de las salas de redacción más grandes del país, la voz de María y su rostro son conocidos por millones de personas que cuentan con ella para descubrir la verdad.

GUATEMALA

EL SALVADOR

JENNIFER LÓPEZ

Jennifer Lopez—JLo—is one of the biggest stars in the world, known for her singing, dancing, and movie roles. She is the most successful Latina performer of all time.

But when Jennifer was a young girl with big dreams of stardom, her Puerto Rican parents wanted her to be a teacher or nurse. There were not many famous Latino actors, and they didn't believe you could make a career out of acting, dancing or singing. They could not have been more wrong.

Jennifer had been dancing and singing since she was a little girl. She would make up dances that she and her sisters, Lynda and Leslie, would perform for her family and neighbors. Jennifer learned to move her body to the rapid conga drumbeats of salsa music. She learned to dance to jazz and flamenco music as well. At school she began acting in plays.

When Jennifer was a teenager, her parents refused to support her dancing career, so she offered to clean a dance studio in exchange for lessons and a place to sleep at night in the studio. She worked and practiced and auditioned and was finally hired as a Fly Girl. Fly Girls were some of the best female dancers in the country on one of the most popular TV shows at the time—a show called *In Living Color.* She was being paid to dance on TV! Her big breakout film role came next. In 1996, she was cast as Selena Quintanilla in a movie about her life. Overnight, she became the highest paid Latina actress in Hollywood history, earning $1 million for that role. And that was just the beginning.

She wowed the world on screen and has since recorded hit albums in Spanish and English. She performed at the Super Bowl and at President Biden's inauguration. She has been in big hit movies and on the cover of every major magazine. She has definitely shown her parents, and the rest of the world, that a Latina can make a career— a big, successful career—out of acting, dancing, and singing.

Jennifer López, más conocida como "JLo", es una de las estrellas más importantes del mundo, conocida por cantar, bailar y protagonizar películas. Es la artista Latina más exitosa de todos los tiempos.

Pero cuando Jennifer era una niña con grandes sueños de alcanzar el estrellato, sus padres puertorriqueños querían que fuera maestra o enfermera. No había muchos actores Latinos famosos y no creían que se pudiera hacer carrera actuando, bailando o cantando. No podrían haber estado más equivocados.

Jennifer bailaba y cantaba desde que era una niña. Inventaría bailes que ella y sus hermanas, Lynda y Leslie, realizarían para su familia y vecinos. Jennifer aprendió a mover su cuerpo al ritmo rápido de la conga de la música salsa. También aprendió a bailar jazz y flamenco. En la escuela, comenzó a actuar en obras de teatro.

Cuando Jennifer era una adolescente, sus padres se negaron a apoyarla para que siguiera una carrera como bailarina. Así que se ofreció a limpiar un estudio de baile a cambio de lecciones y un lugar para dormir en el estudio por la noche. Trabajó y practicó y adicionó y finalmente fue contratada como Fly Girl. Fue una de las mejores bailarinas del país en uno de los programas de televisión más populares de la época: un programa llamado *In Living Color*. ¡Le estaban pagando para estar en la televisión! Su gran papel de revelación en película fue el siguiente: En 1996, fue elegida como Selena en una película sobre su vida. De la noche a la mañana, se convirtió en la actriz latina mejor pagada en la historia de Hollywood, ganando $1 millón por ese papel. Y eso fue solo el comienzo.

Ella cautivó al mundo en la pantalla y desde entonces ha grabado exitosos álbumes en español e inglés. Actuó en el Súper Bowl y en la toma de posesión del presidente Biden. Ha aparecido en películas de gran éxito y en la portada de todas las revistas importantes. Definitivamente les ha demostrado a sus padres y al resto del mundo que una Latina puede hacer una carrera grande y exitosa, con la actuación, el baile y el canto.

SELENA QUINTANILLA

In Texas in the 1980's Selena Quintanilla was a little girl with a big smile and a bigger voice. She decided to get her dad's attention by singing as loud as she could. She wanted him to play music with her like he did with her older brother, A. B., and her sister, Suzette. Everyone could hear right away that Selena had a special voice.

Soon, Selena joined her brother and sister playing music in their garage after school. Suzette was on drums, A. B. was on bass, and Selena sang in English. Together, they became Selena y Los Dinos. Selena was just eight years old when she started performing at her family's restaurant. One day a well-known radio show host named Primo Ledesma came to the restaurant and heard Selena singing. The next day he played a recording of her performance on the radio and the phones started to ring. Everyone wanted to know who the girl with the beautiful voice was.

Selena's father, Abe, knew that with the right amount of practice, Selena and the family band could become famous. He also said they needed to sing in Spanish and perform Tejano music, a unique kind of Spanish-language music that originated in Texas. Though her parents spoke Spanish and English, Selena spoke only English. She had to memorize new songs and learn how to pronounce the words in Spanish.

When Selena was just 14, Selena y Los Dinos were in demand, playing to bigger and bigger audiences at fairs, weddings, and music festivals. Everyone loved Selena. She helped write beautiful songs, including "Like a Flower/Como la Flor" that played on Tejano radio stations across Texas. Selena made her own dazzling clothing—leather jackets, velvet jumpers, and tops covered in shiny rhinestones. She began traveling to other states and even to Mexico to perform. In Mexico, people loved to see a great Mexican American singer with dark hair and skin just like them.

By the time she was 17, Selena's songs, posters, and albums were everywhere. She was even asked to record new songs in English because many Americans wanted to sing along. She was poised to become one of the first true international stars! But the "Queen of Tejano Music" died while her star was still rising at the age of 23.

En Texas en la década de 1980, Selena Quintanilla era una niña con una gran sonrisa y una voz aún más grande. Cuando Selena era pequeña, decidió llamar la atención de su papá, Abe, cantando lo más fuerte que pudo. Ella quería que él tocara música con ella como lo hizo con su hermano mayor A.B y su hermana Suzette. Todos pudieron escuchar de inmediato que Selena tenía un voz especial.

Pronto, Selena se unió a su hermano y hermana tocando música en su garaje después de la escuela. Suzette estaba en la batería, A.B. estaba en el bajo y Selena cantaba en inglés. Juntos, se convirtieron en Selena y los Dinos.

Selena solo tenía 8 años cuando comenzó cantando en el restaurante de su familia. Un día, un conocido locutor de radio, Primo Ledesma, llegó al restaurante y escuchó a Selena cantar. Al día siguiente hizo una grabación de su actuación en la radio y los teléfonos empezaron a sonar. Todos querían saber quién era la chica de la hermosa voz.

Abe sabía que, con la cantidad adecuada de práctica, Selena y la familia banda podría volverse famosa. También dijo que necesitaban cantar en español y llevar a cabo música tejana la cual era un tipo único de música en español que se originó en Texas. Aunque sus padres hablaban español e inglés, Selena solo hablaba inglés. Tuvo que memorizar nuevas canciones y aprender a pronunciar las palabras en español.

Cuando Selena tenía solo 14 años, Selena y los Dinos estaban en demanda, cantaban a más grande y mayores audiencias en ferias, bodas y festivales de música. Todos amaban a Selena. Ayudó a escribir hermosas canciones que incluyen "Como La Flor" que tocaba en las estaciones de radio tejanas en todo Texas. A la gente le encantó la música de Selena y su estilo. Ella hizo su propia ropa deslumbrante; chaquetas de cuero, suéteres de terciopelo y tops cubiertas en pedrería brillante. Empezó a viajar a otros estados e incluso a México para llevar a cabo sus conciertos. En México a la gente le encantaba ver a una gran cantante Mexicoamericana con cabello oscuro y piel como ellos.

Cuando cumplió 17 años, las canciones, los carteles y los álbumes de Selena estaban en todas partes. Incluso le pidieron que grabara nuevas canciones en inglés porque muchos estadounidenses querían cantar. ¡Estaba a punto de convertirse en una de las primeras verdaderas estrellas internacionales! Pero la "Reina de la Música Tejana" murió mientras que brillaba a la edad de 23 años.

JULIÁN CASTRO & JOAQUÍN CASTRO

In 1974, in San Antonio, Texas, Julián Castro was born one minute before his twin brother, Joaquin. For the rest of their lives, they would follow in each other's footsteps, always just a short time apart in achieving big things. Their mom, Rosie, would not be surprised when these two babies grew up to inspire millions of Latino kids.

When Rosie was a young girl, she watched her own mother take three buses across town to clean houses and babysit for wealthy Anglo families. Rosie saw that Mexican American schools and streets weren't as good as the ones in the Anglo neighborhoods her mom worked in. When Rosie was just 23, she ran for city council in the hopes of improving services for Latinos. She lost the election but continued to work for change.

Julián and Joaquin grew up going to rallies with Rosie. They knocked on doors with her to help register voters. And they quietly listened to her speaking at political meetings she led. Julián and Joaquin knew they wanted to make a difference just like their mom. She would always tell them, "If something is wrong, you can change it!"

Julián and Joaquin worked hard to get good grades and volunteered to help other poor Latino students in their neighborhood. They went off to college and law school together. There, they learned about how government can work better to make neighborhoods safer, to create good jobs, and to build more housing for the poor.

When Julián was 26 and in law school, he decided to run for San Antonio City Council, just as Rosie had. The city council made important decisions about things like building parks and libraries and improving schools in the area. Rosie, Julián, and Joaquin hung VOTE FOR JULIÁN posters all over San Antonio. They knocked on thousands of doors, sent letters, made phone calls, and spoke at many meetings.

1974–

1974–

En 1974 en San Antonio, Texas nació Julián Castro, un minuto antes que su hermano gemelo, Joaquín. Por el resto de sus vidas, seguirían los pasos del otro, siempre a solo un corto tiempo de diferencia ellos lograron hacer grandes cosas. A su mamá, Rosie, no le sorprendería que algún día, estos dos bebés inspirarían a millones de niños Latinos.

Rosie había crecido en la pobreza viendo a su propia madre tomar tres autobuses a través de la ciudad para limpiar casas y cuidar niños de familias anglosajonas adineradas. De niña, Rosie vio que las escuelas Mexicoamericanas y las calles no estaban en tan buenas condiciones como los vecindarios anglosajones en los que trabajaba su madre. Cuando Rosie tenía tan solo 23 años, se postuló para el Concejo Municipal, con la esperanza de mejorar los servicios para latinos. Perdió las elecciones, pero siguió trabajando por el cambio.

Julián y Joaquín crecieron haciendo mítines con Rosie. Tocaron puertas con ella para ayudar a registrar votantes. Y en silencio la escuchaban hablar en las reuniones políticas que dirigía. Julián y Joaquín crecieron sabiendo que querían marcar la diferencia al igual que su madre. Ella siempre les decía ¡"Si algo está mal, puedes cambiarlo"!

Julián y Joaquín trabajaron duro para sacar buenas notas y se ofrecieron como voluntarios para ayudar a otros estudiantes Latinos en su vecindario. Fueron juntos a la universidad y a la facultad de derecho a aprender. Ellos aprendieron cómo el gobierno puede trabajar para que beneficie a los vecindarios y que fueran mas seguros; para crear buenos empleos; y construir mejores viviendas para los pobres.

Cuando Julián tenía 26 años y estaba en la escuela de leyes, decidió postularse para Ayuntamiento de San Antonio al igual que Rosie lo había hecho. El Ayuntamiento toma decisiones importantes sobre cosas como construcción de: parques, bibliotecas y mejorar las escuelas en la zona. Rosie, Julián y Joaquín colgaron un cartel que decía VOTA POR JULIÁN por todo San Antonio. Ellos tocaron miles de puertas, enviaron cartas, hicieron llamadas telefónicas y hablaron en muchas reuniones.

Julián talked about how he wanted to build more sidewalks and better playgrounds. He talked about creating good jobs. And he listened to people, which they liked. He was elected the youngest city council member in the city's history. A few years later he ran for mayor to lead the entire city. As mayor, Julián passed a law making it possible for every four-year-old in the city to go to school. He knew that education could make dreams come true.

Joaquin was inspired by his brother and ran for office too. First, he became a state representative in Texas. He helped pass laws to improve schools. Next he ran for Congress so that he could shape laws that would impact the whole country. In 2012, Joaquin became a congressman and went to Washington, D.C. There, he helped lead the fight for Dreamers (children of undocumented immigrants). He also worked to fund education.

Never far apart for long, in 2014, Julián joined his brother in Washington, D.C. President Obama named him Secretary of Housing and Urban Development. In this role, he worked to build good, affordable housing in cities all around the country!

The brothers did so much good in so little time that people started to notice. Newspapers began to report that Julián or Joaquin could even become the first Latino president of the US. Julián thought so, too, and in 2019, he announced that he was running for president. Joaquin and Rosie were right there next to him in San Antonio, Texas. Surrounded by hundreds of cheering supporters, Julián said in Spanish and English, "When my grandmother got here almost 100 years ago, I'm sure she never could have imagined that just two generations later, one of her grandsons would be serving as a member of the US Congress and the other would be standing with you here today to say these words: I am a candidate for president of the United States of America."

He did not win the nomination, but he used his voice to keep fighting for the rights of *all* Americans, including working moms, students, and restaurant workers.

Julián and Joaquin listened to Rosie when she taught them to change the things that seemed wrong. Along the way they inspired thousands of Latino boys and girls to believe that they, too, could make a difference.

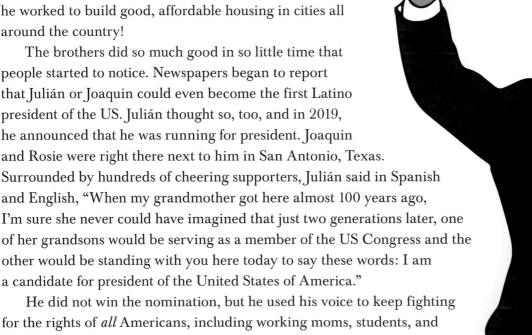

Julián hablaba sobre cómo quería construir más aceras y mejores parques infantiles. Él habló de crear buenos empleos. Y escuchaba a la gente, lo que les gustaba. Él fue elegido como el más joven en la historia en el Consejo Municipal. Unos años más tarde se postuló para alcalde para dirigir toda la ciudad. Como alcalde, Julián aprobó una ley que hace posible que cada niño y niña de cuatro años de la ciudad pueda ir a la escuela. Sabía que la educación podía hacer realidad los sueños.

Joaquín se inspiró en su hermano y también se postuló para el cargo. Primero, se convirtió en un Representante en Texas. Allí ayudó a aprobar leyes para mejorar las escuelas. Después, quería postularse para el Congreso federal para poder ayudar a dar forma a leyes que afectarían a todo el país. En 2012, Joaquín se convirtió en congresista y fue a Washington, D.C. Allí ayudó a liderar la lucha por los DREAMers (Soñadores) y también trabajó para financiar la educación.

Nunca separados por mucho tiempo, en 2014, Julián se unió a su hermano en Washington, D.C. El presidente Obama lo nombró Secretario de Vivienda y Desarrollo Urbano. En este papel, él trabajó para construir viviendas buenas y asequibles en ciudades de todo el país.

Los hermanos hicieron bien en tan poco tiempo que la gente empezó a notarlos. Los periódicos comenzaron a informar que Julián o Joaquín podrían ser incluso uno de los primeros presidentes Latinos de los EE. UU. Julián también lo pensó, y en 2019 anunció que se postulaba para presidente. Joaquín y Rosie estaban justo ahí junto a él en San Antonio, Texas. Rodeado por cientos de simpatizantes que vitoreaban, dijo Julián en español e Inglés "Cuando mi abuela llegó aquí hace casi 100 años, estoy seguro de que ella nunca se pudo haber imaginado que en tan solo dos generaciones después, uno de sus nietos estaría sirviendo como congresista de los Estados Unidos. Y que el otro estaría parado junto a ustedes aquí hoy para decir estas palabras: Soy candidato a Presidente de los Estados Unidos de América".

Aunque él no ganó la nominación, el usó su voz para seguir luchando por los derechos de todos los Estadounidenses, incluyendo a madres trabajadoras, estudiantes y trabajadores de restaurantes.

Julián y Joaquín escucharon a Rosie cuando les enseñó a cambiar las cosas que parecían mal. En el camino inspiraron a miles de niños y niñas Latinos a creer que ellos también pueden marcar la diferencia.

LIN-MANUEL MIRANDA

When Lin-Manuel Miranda was a little boy, he could hear rhythm and music playing in his head. He performed in his first piano recital when he was six. When he finished the one song he was supposed to play, the audience erupted with applause. Lin-Manuel smiled big and said, "I know another one," and then he played two more songs. He could not get enough of the applause.

Lin-Manuel's Puerto Rican parents knew their son was destined to become an artist using his many talents—music, dance, and poetry. He began writing songs about the stories and people in his Washington Heights neighborhood in New York City. He mixed the sounds of hip-hop and salsa, then practiced and recorded himself singing, dancing, and performing in his bedroom. He learned he could tell stories through songs in ways that moved people.

Lin-Manuel went off to college to study theater. There he began to work on a musical that became *In the Heights*, a love story about a New York City bodega owner who dreams of going to the Dominican Republic. The show mixed Spanish and English and the colors, sounds, and dance of his Latino neighborhood. The musical was produced on Broadway with a Latino cast and became a big hit.

When Lin-Manuel read about the life of Alexander Hamilton, one of the US Founding Fathers, he knew that Hamilton would be the subject of his next musical. A hardworking immigrant, Hamilton was "young, scrappy, and hungry." Lin-Manuel told the story of the American Revolution through his life. Using hip-hop music, he cast his musical with Latino, Black, and Asian actors— all people of color who did not have equal rights when the US was founded. Groundbreaking in every way, *Hamilton* became one of the most popular and successful Broadway shows of all time. And Lin-Manuel changed the way people thought about history . . . and theater.

Cuando Lin-Manuel Miranda era un niño pequeño, podía escuchar el ritmo y la música en su cabeza. Actuó en su primer recital de piano cuando tenía seis años. Cuando terminó la única canción que se suponía que debía tocar, la audiencia estalló en aplausos. El pequeño Lin-Manuel sonrió y dijo: "Conozco otro", y luego otro, y tocó dos canciones más. No se cansaba de los aplausos.

Los padres puertorriqueños de Lin-Manuel sabían que su hijo estaba destinado a convertirse en artista usando sus muchos talentos: música, danza y poesía. Comenzó a escribir canciones sobre las historias y la gente de su vecindario de Washington Heights en la ciudad de Nueva York. Mezcló los sonidos del hip-hop y la salsa, luego practicó y se grabó cantando, bailando y actuando en su habitación. Aprendió que podía contar historias a través de canciones que conmovían a la gente.

Lin-Manuel fue a la universidad para estudiar teatro. Comenzó a trabajar en un musical que se convirtió en In *The Heights*, una historia de amor sobre un bodeguero de la ciudad de Nueva York que soñaba con ir a la República Dominicana. La obra mezclaba español e inglés y los colores, sonidos y bailes de su barrio Latino. El musical fue producido en Broadway con un elenco Latino y se convirtió en un gran éxito.

Cuando Lin-Manuel leyó sobre la vida de Alexander Hamilton, uno de los fundadores de los EE. UU., supo que Hamilton sería el tema de su próximo musical. Un inmigrante trabajador, Hamilton era "joven, rudimentario y hambriento" y Lin-Manuel contó la historia de la Revolución Americana a lo largo de su vida. Utilizando música hip hop, presentó su musical con actores Latinos, Negros y Asiáticos, todas personas de color que no tenían los mismos derechos cuando se fundaron los EE. UU. Innovador en todos los sentidos, *Hamilton* se convirtió en uno de los espectáculos más populares y exitosos de todos los tiempos.

Y Lin-Manuel cambió la forma en que la gente pensaba sobre la historia y el teatro.

ALEXANDRIA OCASIO-CORTEZ

Alexandria Ocasio-Cortez was working as a server in a Mexican restaurant before she became the youngest woman ever elected to Congress. She was just 29 years old when she won her first race in 2018. Working and living in the Bronx, the neighborhood in New York City that she now represents, she knew what it was like to struggle. She and many of her neighbors didn't have much money. Still, she believed that everyone had the right to feel safe and to be healthy and happy. She wanted to help hardworking people.

So she knocked on all the doors in the barrio where she lived and told people about her ideas. She wanted to protect the planet. She wanted to build nice houses that poor people could afford. And she wanted immigrants—people who moved to America from other countries—to be treated with respect. She asked people what they wanted from their government, and she told them she would fight for them if they would vote for her. Lots of people said a young Puerto Rican server couldn't win, but they liked her and thought she had good ideas. She listened to them, and they respected her.

A year after she started knocking on doors, it was primary election day. Everyone in the many neighborhoods that Alexandria had walked up and down, day after day, went out to vote. And many of them voted for her. She won!

She went to work in Congress, a great white building in Washington, D.C. As a representative, she immediately got to work on the Green New Deal. Her goal was to protect the planet and to create good-paying jobs at the same time. Young people loved her fresh ideas and her fearlessness. She used her voice and social media to reach millions of people. She stood up for the poor, she demanded women be treated with the same respect as men, and she fought for immigrants. She quickly became one of the most famous and powerful people in Congress.

By showing everyone that a restaurant server in the Bronx could win an election and make change, "AOC" inspired millions of young women with dreams of their own.

1989–

Alexandria Ocasio Cortez trabajaba como mesera en un restaurante mexicano antes de que se convirtiera en la mujer más joven jamás elegida para el Congreso. Tenía apenas 29 años cuando ganó su primera carrera en 2018. Trabaja y vive en el Bronx, el barrio de Nueva York que ahora representa. Y ella sabía lo que era luchar. Ella y muchos de sus vecinos no tenían mucho dinero. Aun así, creía que todo el mundo tenía derecho a sentirse seguro, estar sano y ser feliz. Quería ayudar a la gente trabajadora.

Así que tocó todas las puertas de todos los barrios donde vivía y le contó a la gente sobre sus ideas. Quería proteger el planeta. Quería construir casas bonitas que serian asequibles para los pobres. Y ella quería que los inmigrantes, personas que se mudaron a los EE. UU. de otros países, fueran tratados con respeto. Le preguntó a la gente qué querían de su gobierno, y les dijo que lucharía por ellos si votaban por ella. Un montón de la gente decía que una servidora puertorriqueña joven no podía ganar, pero les gustaba y pensaban que tenía buenas ideas. Ella los escuchó y ellos la respetaron.

Un año después de que comenzó a tocar puertas, era el día de las elecciones primarias. Los barrios que Alexandria había recorrido de un lado a otro, día tras día, salieron a votar. Y muchos de ellos votaron por ella. ¡Ella ganó!

Fue a trabajar en el Congreso, un gran edificio blanco en Washington, D.C. Como representante daría forma a leyes que ayudarían a la gente de su barrio, y por el resto del país. Inmediatamente se puso a trabajar en el Nuevo Pacto Verde. Su idea fue proteger el planeta y, al mismo tiempo, crear empleos bien remunerados. Los jóvenes amaban sus ideas frescas y su valentía. Usó su voz y las redes sociales para llegar a millones de gente. Defendió a los pobres, exigió que las mujeres fueran tratadas con el mismo respeto que los hombres, y luchó por los inmigrantes. Rápidamente se convirtió en una de las más famosas y una persona poderosa en el Congreso.

Mostrando a todos que una servidora de restaurante en el Bronx podría ganar unas elecciones y dar cambio, "AOC" inspiró a millones de mujeres jóvenes.

LAURIE HERNÁNDEZ

When Laurie Hernandez was just six years old and watching gymnasts flip, tumble, and fly through the air, she told her mom she wanted to be a gymnast too. She wanted to see what it felt like to fly.

Laurie's mom helped her find a gymnastics class. Within a few weeks Laurie was doing somersaults and cartwheels.

Laurie was so good at gymnastics that she was moved into a special training program. She began traveling across the country to train and compete with other girls. Laurie could do splits and flips. She could swing from one high bar to the next. She would leap, tumble, and land perfectly on the narrow balance beam.

When she was 16, after years of training for hours and hours every day, she was ready to compete in the Olympics in Rio de Janeiro, Brazil. She was the youngest gymnast on her team of five girls, the "Final Five." The competition was tough, but they were some of the best gymnasts in the whole world.

Still, Laurie got nervous every time it was her turn to compete. She took deep breaths and reminded herself that she had what it took. In her red, white, and blue leotard with sparkly silver stars, she hopped onto the balance beam. She jumped into the air doing a split. Every move was just right for her history-making performance. On her triple-flip dismount, she threw her body through the air and somehow landed perfectly, effortlessly. Everyone cheered. Laurie helped her team get the highest score. The team won the gold medal in the all-round. As Laurie stood on the podium with her teammates, her hand over her heart, the national anthem played. She could not have been prouder. She had achieved her dream.

Cuando la pequeña Laurie Hernández tenía solo seis años viendo a las gimnastas dar volteretas y volar en el aire, le dijo a su mamá que ella también quería ser gimnasta. Ella quería saber lo que se sentía volar.

La mamá de Laurie la ayudó a encontrar una clase de gimnasia. En unas pocas semanas, Laurie estaba haciendo saltos mortales y volteretas.

Laurie era tan buena en la gimnasia que la trasladaron a un programa de entrenamiento especial. Comenzó a viajar por todo el país para entrenar y competir con otras chicas. Laurie podría hacer splits y volteretas. Podía voltear y balancearse de una barra alta a la siguiente. Ella realizaba increíbles hazañas atléticas en la barra de equilibrio: saltar, dar vueltas y aterrizar perfectamente en la estrecha viga elevada.

Cuando tenía 16 años, después de años de entrenar durante horas y horas cada día, estaba lista para competir en los Juegos Olímpicos de Río de Janeiro, Brasil. Era la gimnasta más joven de su equipo, las "últimas cinco". La competencia fue dura, pero eran algunas de las mejores gimnastas del mundo entero.

Aun así, Laurie se ponía nerviosa cada vez que era su turno para competir. Respiró hondo y recordó que ella misma tenía lo que se necesitaba. En su leotardo rojo, blanco y azul con brillantes estrellas plateadas, saltó en la barra de equilibrio. Ella saltó en el aire haciendo una división perfecta. Cada movimiento fue perfecto para su actuación histórica. En su desmontaje de triple voltereta, arrojó su cuerpo a través del aire y de alguna manera aterrizó perfectamente, sin esfuerzo. Todos vitorearon. Laurie ayudó a su equipo obtener la puntuación más alta. El equipo ganó la medalla de oro en la competición "all-round." Laurie se paró en el podio con sus compañeros de equipo, su mano sobre su corazón mientras sonaba el himno nacional. Ella no podría haber estado más orgullosa. Ella había logrado un sueño.

WHAT IS LATIN AMERICA?

There are many immigrant stories from Latin America. Here is a historical map to help illustrate just some of this rich history.

UNITED STATES

Chicago

Illinois

Nevada

Utah

Colorado

California

Arizona

New Mexico

Texas

MEXICO

Until 1848, parts of California, Utah, Nevada, and Colorado and all of New Mexico and Arizona were Mexican land.

Hasta en 1848, partes de California, Utah, Nevada, Colorado, todo Nuevo México y Arizona fueron tierra de México.

Parents came from
De donde vinieron sus padres

Mexico City/
México

In 1835, Texas declared its independence from Mexico. At this point, Mexicans who had lived there for a long time and Americans who had migrated there more recently both lived in the territory. The United States then annexed Texas in 1845, making it the 28th state.

En 1835, Texas declaró su independencia de México. En este punto, todos los Mexicanos que vivían allí desde hace mucho tiempo incluyendo ciudadanos Americanos que habían migrado allí, vivían en ese territorio. Los EE. UU. anexó a Texas en 1845, haciendo el estado número 28.

GUATEMALA

EL SALVADOR

COSTA RICA

¿QUE ES LATINOAMÉRICA?

Hay muchas historias de América Latina. Aquí se encuentra un mapa para ilustrar parte de la rica historia de este continente.

Parents came from
De donde vinieron sus padres

Puerto Rico became a US territory in 1917, making its people US citizens.

Puerto Rico se convirtió en un territorio de EE. UU. en 1917 convirtiendo a todas las personasen ciudadanos Americanos.

Latin America includes Central America, some Caribbean islands, and all of South America.

Latino América incluye a Centro América, parte de las islas del Caribe y todo Suramérica.

RESOURCES · RECURSOS

To learn more about the people
in this book, check out these books:

Para aprender más de las personas
en este libro, considera leer estos libros:

*bilingual, blingüe

Harvesting Hope: The Story of Cesar Chavez
Kathleen Krull & Yuyi Morales

*Radiant Child: The Story of Young
Artist Jean-Michel Basquiat*
Javaka Steptoe

**Side by Side/Lado a Lado:*
The Story of Dolores Huerta and César Chávez/
La historia de Dolores Huerta y César Chávez
Monica Brown & Joe Cepeda

Sing With Me: The Story of Selena Quintanilla
Diana López & Teresa Martinez

**The Solar System with/El Sistema Solar*
con Ellen
Patty Rodriguez & Ariana Stein

The Story of Lin-Manuel Miranda:
A Biography Book for New Readers
Frank Berrios

Turning Pages: My Life Story
Sonia Sotomayor & Lulu Delacre

To learn more about Latino history
and culture, check out these books:

Para aprender más acerca de la historia
Latina y su cultura, considera leer estos libros:

Bravo!: Poems About Amazing Hispanics
Margarita Engle & Rafael López

**¿De dónde eres?: Where Are You From?*
Yamile Saied Méndez

Dreams from Many Rivers: A Hispanic History
of the United States Told in Poems
Margarita Engle & Beatriz Gutierrez Hernandez

In My Family/En Mi Familia
Carmen Lomas Garza

Islandborn
Junot Díaz & Leo Espinosa

**Mi Familia: A Mexican American Family*
Ana Cristina Gluck & Gabriela Issa Chacon

Nuestra América: 30 Inspiring Latinas/
Latinos Who Have Shaped the United States
Sabrina Vourvoulias & Gloria Félix

**Paletero Man*
Lucky Diaz & Micah Player

Separate Is Never Equal
Duncan Tonatiuh

**That's Not Fair!/¡No Es Justo!:*
Emma Tenayuca's Struggle for Justice
Carmen Tafolla & Sharyll Teneyuca